Le TDAH chez les femmes

Le TDAH chez les femmes

Un guide pour comprendre le TDAH et s'épanouir à chaque étape de la féminité

Jenny D Welch

Démenti

Droits d'auteur © 2025 Jenny D. Welch

Tous droits réservés. Aucune partie de ce livre ne peut être copiée, reproduite, stockée ou transmise sous quelque forme que ce soit (numérique, imprimée ou autre) sans l'autorisation écrite de l'auteur, à l'exception de brèves citations utilisées dans des critiques ou du contenu promotionnel.

Ce livre se veut une ressource d'information pour les femmes vivant avec le TDAH et ceux qui les soutiennent. Il n'est pas destiné à remplacer les conseils médicaux, psychologiques ou professionnels. Pour tout diagnostic, décision de traitement ou soins continus, veuillez consulter un fournisseur de soins de santé qualifié, un professionnel de la santé mentale ou un médecin spécialiste.

Les outils, les histoires et les stratégies partagés dans ce livre sont fondés sur la recherche, l'expérience vécue et les avis d'experts, mais le parcours de chaque femme atteinte de TDAH est unique. Ce livre ne promeut pas l'autodiagnostic ou l'automédication. Les décisions concernant la thérapie, le coaching ou les médicaments doivent toujours être prises en partenariat avec des professionnels qualifiés.

L'auteur et l'éditeur déclinent toute responsabilité quant aux résultats résultant de l'application des informations contenues dans ce livre. Utilisez votre jugement, faites confiance à votre équipe et faites ce qui est bon pour vous.

Dédicace

À chaque fille, jeune femme, mère et âme diagnostiquée tardivement qui navigue dans la vie avec le TDAH, ce livre est pour vous.

Que vous ayez posé des questions pendant des années ou que vous ayez simplement trouvé les mots pour décrire votre expérience, votre parcours compte.

Puissent ces pages vous rappeler votre génie, valider vos luttes et vous encourager à embrasser votre esprit unique avec fierté, compassion et puissance.

Préface

Vivre avec le TDAH en tant que femme signifie souvent naviguer dans un monde qui n'a jamais été construit en pensant à votre cerveau. Peut-être étiez-vous le rêveur en classe, le perfectionniste qui tenait le coup ou celui qui était constamment submergé par le bruit, les tâches ou les attentes. Vous avez peut-être excellé dans certains domaines et lutté silencieusement dans d'autres, sans jamais vraiment savoir pourquoi les choses vous semblaient plus difficiles qu'elles ne le devraient.

Pour de nombreuses femmes, un diagnostic de TDAH n'arrive qu'à l'âge adulte, après des années d'épuisement professionnel, d'anxiété ou de se demander : « *Qu'est-ce qui ne va pas chez moi ?* » Ce moment peut apporter soulagement, chagrin, validation ou même colère. On peut avoir l'impression d'avoir enfin la pièce manquante d'un casse-tête qui dure toute la vie. Si c'est vous, sachez ceci : vous n'êtes pas seul.

Le TDAH chez les femmes est souvent mal compris et sous-diagnostiqué. Les symptômes ne ressemblent pas toujours à ceux décrits chez les garçons. Au lieu de cela, ils se cachent derrière la surperformance, l'intensité émotionnelle, l'oubli, le plaisir des gens ou l'épuisement chronique. Et lorsque les hormones entrent en scène – pendant la puberté, la grossesse ou la ménopause – tout peut changer à nouveau.

Ce livre a été écrit pour vous : les femmes qui ont été négligées, mal diagnostiquées ou rejetées. Pour les mères qui ne voient que maintenant les signes en elles-mêmes. Pour les professionnels qui jonglent entre le travail et la maison tout en s'effondrant tranquillement à l'intérieur. Pour les étudiants, les créatifs, les nourriciers et les combattants, chacun étant affecté de manière unique par un cerveau câblé pour plus.

Ce que vous trouverez ici n'est pas une liste de règles rigides, mais une feuille de route : des outils, des idées et des réflexions qui honorent la façon dont le TDAH se manifeste dans la vie réelle. Ce guide combine des stratégies pratiques avec une profonde autocompassion. Vous apprendrez à gérer la surcharge émotionnelle, à construire des systèmes qui fonctionnent pour votre cerveau et à reconnaître les modèles façonnés par le genre et la neurodiversité.

Par-dessus tout, ce livre est une douce invitation à lâcher prise de la honte, à embrasser votre histoire et à exploiter pleinement vos forces.

Avec compassion,

Jenny D. Welch

Table des matières

Démenti	3
Dédicace	4
Préface	5
Table des matières	7
Introduction	9
Chapitre 1	13

La face cachée du TDAH chez les femmes — 13

- Inattention, réflexion excessive et réactivité émotionnelle — 13
- Le masquage et le piège de la « bonne fille » — 14
- Témoignages d'experts — 16
- Pourquoi tant de femmes sont mal diagnostiquées ou diagnostiquées tardivement — 17

Chapitre 2 — 19

Les hormones et les montagnes russes du TDAH — 19

- Comment ils affectent — 19
- Le lien entre l'hormone et le TDAH expliqué — 22
- Témoignages d'experts — 24

Chapitre 3 — 27

Conditions coexistantes — 27

- Anxiété, dépression, sensibilités sensorielles — 27
- Les luttes invisibles qui accompagnent le TDAH — 30
- Témoignages d'experts — 32

Chapitre 4 — 35

Lâcher — 35

- Déballer la culpabilité intériorisée et le doute de soi — 35
- La neurodiversité comme pouvoir — 38
- Témoignages d'experts — 38

Chapitre 5 — 41

Relations, maternité et estime de soi — 41

- L'impact du TDAH sur les relations amoureuses et la parentalité — 41
- Fixer des limites et défendre vos besoins — 43
- Témoignages d'experts — 46

Chapitre 6 — 49

Des routines qui respectent votre cerveau **49**

Des rythmes quotidiens qui fonctionnent vraiment 49

Vaincre l'épuisement professionnel, l'accablement et la fatigue décisionnelle 51

Témoignages d'experts 53
    Chapitre 7 57

S'organiser sans se punir **57**

Productivité durable pour l'esprit TDAH 57

Stratégies pour le travail, l'école et la vie familiale 58

Témoignages d'experts 61
    Chapitre 8 65

Un soutien qui vous fait avancer **65**

Médicaments, coaching et options holistiques 65

Construire un réseau de soutien 67

S'épanouir à chaque étape de la féminité 69

Témoignages d'experts 70

Conclusion **73**

Ressources **75**

Livres 75

Documents 78

Séminaires 81

Sites web 83

Glossaire **86**

Introduction

Pourquoi le TDAH chez les femmes est négligé

Pendant des années, le TDAH a été traité comme une condition qui affecte principalement les garçons. L'image classique ? Un enfant hyperactif qui rebondit sur les murs ou interrompt constamment en classe. Ce que l'on oublie souvent, c'est la fille tranquille qui regarde par la fenêtre, l'adolescent perdu dans ses pensées ou la femme qui n'arrive pas à passer une journée sans se sentir mentalement grillée. Elle n'est pas perturbatrice, donc elle ne lève pas de drapeaux rouges. Mais à l'intérieur, elle est débordée, émotionnellement épuisée et travaille constamment deux fois plus dur pour suivre le rythme.

Cette tendance à être manqué ou mal lu commence tôt. Les filles ont tendance à intérioriser leurs symptômes, les repliant sur eux-mêmes sous forme de doute de soi, d'anxiété ou de perfectionnisme.

Les enseignants peuvent les qualifier de sensibles, timides ou démotivés. À la maison, ils peuvent sembler oublieux ou trop émotifs. À l'âge adulte, de nombreuses femmes ont passé des années à se masquer, à surcompenser les problèmes de fonctions exécutives en étant des personnes qui plaisent, des perfectionnistes ou des soignantes qui ne ralentissent jamais. La pression d'apparaître « ensemble » devient la chose même qui cache le besoin de soutien.

C'est pourquoi le TDAH chez les femmes est si souvent mal compris. Ça n'a pas toujours l'air bruyant. Il a l'air fatigué, épuisé et étiré à bout de souffle.

Et sans les bons outils ou le bon diagnostic, de nombreuses femmes finissent par se blâmer pour des choses qui sont en fait enracinées dans le câblage cérébral, et non dans des défauts de caractère.

Vous n'êtes pas paresseux, votre cerveau fonctionne différemment

Si vous vous êtes déjà dit paresseux, dispersé, trop sensible ou « ne vivant pas à la hauteur de votre potentiel », vous n'êtes pas seul. Tant de femmes portent ces croyances pendant des années avant de découvrir qu'elles ont le TDAH. Cela peut être à la fois un soulagement et un chagrin d'avoir enfin un nom pour ce que vous avez vécu.

Il ne s'agit pas d'excuses. C'est une question de compréhension. Le TDAH affecte la façon dont votre cerveau traite l'information, les émotions et le temps.

Ce livre est là pour vous aider à donner un sens à votre expérience. Que vous ayez reçu un diagnostic le mois dernier ou que vous commenciez tout juste à vous poser des questions, vous méritez des réponses qui respectent votre réalité. Vous apprendrez comment le TDAH se manifeste différemment chez les femmes, comment les hormones jouent un rôle et comment construire des systèmes qui fonctionnent avec votre cerveau, et non contre lui.

Chapitre 1

La face cachée du TDAH chez les femmes

Inattention, réflexion excessive et réactivité émotionnelle

Le TDAH chez les femmes ne ressemble pas toujours à de l'agitation ou à des mouvements constants. Il s'agit souvent de s'espacer au milieu d'une conversation, de manquer des échéances ou de relire la même phrase cinq fois avant d'abandonner. Au lieu d'être « hyper », de nombreuses femmes atteintes de TDAH sont submergées par des pensées qu'elles ne peuvent pas éteindre. Ce n'est pas un manque d'attention, c'est un esprit tiré dans trop de directions à la fois.

Cette version du TDAH est plus silencieuse, mais tout aussi perturbatrice. Vous pouvez passer d'une tâche à l'autre sans en terminer aucune, oublier des rendez-vous qui vous tenaient vraiment à cœur ou être obsédé par une seule erreur pendant des jours. Les petites décisions peuvent sembler impossibles. Chaque jour, les responsabilités deviennent épuisantes. Vous pouvez vous sentir ému sans savoir pourquoi, ou fondre en larmes pour quelque chose qui semble mineur aux autres. Ce ne sont pas des défauts de personnalité. Ils sont le poids émotionnel et cognitif d'un cerveau qui essaie de fonctionner sans le soutien approprié.

Lorsque c'est votre normalité, il est facile de vous blâmer. Beaucoup de femmes vivent des années en pensant qu'elles sont simplement désorganisées, trop sensibles ou incapables d'être « adultes ». La vérité, c'est que le TDAH a travaillé dans les coulisses tout le temps, mais d'une manière qui ne vous a jamais été expliquée.

Le masquage et le piège de la « bonne fille »

Dès leur plus jeune âge, les filles apprennent à se comporter, à performer et à plaire. De nombreuses femmes atteintes de TDAH apprennent tôt à masquer leurs symptômes, en faisant semblant de suivre les instructions lorsqu'elles sont perdues, en riant même lorsqu'elles sont confuses ou en restant silencieuses en classe pour ne pas attirer l'attention. Ils deviennent passés maîtres dans l'art de copier les autres, de cacher leurs erreurs et de se pousser plus fort pour paraître « normaux ».

Cette performance constante a un coût. Derrière le masque, il y a souvent de l'anxiété, de l'épuisement et de la honte. Vous pourriez avoir l'impression d'être un imposteur même si les choses se passent bien. Ou vous pouvez brûler complètement, incapable d'entretenir la façade plus longtemps.

Le piège de la « bonne fille » apprend aux femmes à être agréables, polies et altruistes. Mais le TDAH ne se soucie pas des attentes sociales. Cela apporte des interruptions, du désordre, des sautes émotionnelles et des tâches oubliées. Ainsi, les femmes apprennent à réprimer, à s'excuser et à surcompenser – jusqu'à ce qu'elles ne puissent plus.

Le masquage vous a peut-être aidé à survivre, mais il vous a probablement empêché d'être vraiment vu. C'est pourquoi le diagnostic survient souvent beaucoup plus tard dans la vie, après des années d'efforts pour tout retenir.

Témoignages d'experts

La Dre Kathleen Nadeau, Ph.D., psychologue clinicienne de premier plan spécialisée dans le TDAH chez les femmes, explique que de nombreuses femmes ne répondent pas aux critères de diagnostic traditionnels simplement parce que les critères ont été développés à l'origine en fonction de la façon dont le TDAH se présente chez les jeunes garçons. « Les symptômes d'inattention comme la fatigue mentale, la désorganisation et la réactivité émotionnelle sont souvent intériorisés et mal interprétés », note-t-elle. « Au lieu d'être perturbatrices, ces femmes sont débordées. »

Cette intériorisation conduit souvent à une vie de compensation – sans soutien – jusqu'à ce que le fardeau émotionnel devienne ingérable. Un diagnostic tardif n'est pas un échec. C'est souvent le reflet d'un système dépassé qui n'a jamais cherché les signes chez les filles et les femmes pour commencer.

Pourquoi tant de femmes sont mal diagnostiquées ou diagnostiquées tardivement

Les médecins, les enseignants et même les thérapeutes ont longtemps été formés pour rechercher les symptômes du TDAH qui apparaissent chez les garçons. L'hyperactivité, la perturbation, l'impulsivité sont les signes qui sont signalés. Mais lorsque le TDAH se manifeste par de l'anxiété, du perfectionnisme ou une sensibilité émotionnelle, il est manqué ou mal étiqueté.

Les femmes sont souvent diagnostiquées à tort comme souffrant d'anxiété, de dépression, de trouble bipolaire ou même de troubles de la personnalité, alors que le TDAH en est la cause profonde. D'autres se font dire qu'ils sont simplement stressés, hormonaux ou qu'ils ne font pas assez d'efforts. Au moment où ils reçoivent un diagnostic approprié, beaucoup ont déjà vécu des années d'auto-culpabilité, une thérapie qui ne collait pas tout à fait ou des relations tendues par des malentendus.

Recevoir le bon diagnostic peut être un moment fort. Il ne résout pas tout du jour au lendemain, mais il vous donne le langage, la validation et la direction. Il relie les points. Et cela ouvre la porte à un soutien qui a enfin du sens.

Si ce chapitre ressemble à votre histoire, vous n'êtes pas seul. Le TDAH chez les femmes a été caché pendant trop longtemps, mais votre clarté commence ici.

Questions de réflexion

Imaginez que vous êtes à la fin de la trentaine. Vous vous êtes toujours senti un peu en retard, épuisé mentalement par les tâches quotidiennes, souvent en train de vous isoler pendant les conversations et submergé par les décisions que les autres semblent prendre avec facilité. Les gens vous ont qualifié de « trop sensible » ou de « dispersé », et pendant des années, vous vous êtes blâmé. Puis, un jour, vous entendez une description du TDAH qui ressemble à toute l'histoire de votre vie. Quelles émotions vous viennent à l'esprit ? Comment cette nouvelle perspective pourrait-elle remodeler la façon dont vous voyez votre passé et dont vous allez de l'avant ?

Chapitre 2

Les hormones et les montagnes russes du TDAH

Comment ils affectent

Si vous êtes une femme atteinte de TDAH, vous avez peut-être déjà remarqué quelque chose que d'autres n'ont pas remarqué : vos symptômes semblent changer radicalement en fonction de l'endroit où vous en êtes dans votre cycle hormonal ou dans la vie. Une semaine, vous êtes concentré, voire organisé. Ensuite, vous ne vous souvenez plus quel jour nous sommes, et tout semble émotionnellement plus lourd. Ce n'est pas une coïncidence. C'est l'effet des hormones sur la chimie de votre cerveau – et lorsque vous souffrez de TDAH, ces changements peuvent frapper plus fort.

La puberté est souvent le premier tournant. Une fille qui semblait timide ou rêveuse dans l'enfance peut soudainement devenir anxieuse, distraite et émotionnellement réactive au cours de son adolescence. Pour certains, les symptômes du TDAH deviennent plus visibles au collège ou au lycée, non pas parce qu'ils n'existaient pas auparavant, mais parce que les changements hormonaux augmentent la sensibilité émotionnelle, amplifient les difficultés des fonctions exécutives et intensifient l'accablement.

Le syndrome prémenstruel, ou les jours précédant vos règles, peuvent entraîner un pic notable d'irritabilité, de brouillard cérébral et de dysrégulation émotionnelle. Pour les femmes atteintes de TDAH, cela peut donner l'impression de perdre soudainement tous les progrès que vous avez réalisés. Des tâches simples peuvent devenir écrasantes et les réactions émotionnelles plus difficiles à gérer. Vous pouvez vous sentir en larmes ou renfermé sans comprendre pourquoi. Il ne s'agit pas seulement d'hormones, mais de la façon dont les changements hormonaux interagissent avec un système neurologique déjà sensible.

La grossesse est une autre transition majeure. Certaines femmes signalent un effet calmant sur leurs symptômes de TDAH au cours du deuxième trimestre, grâce à l'augmentation des niveaux d'œstrogènes. D'autres souffrent d'oublis, de sautes d'humeur ou de problèmes de concentration, souvent considérés comme des « cerveaux de grossesse », mais qui s'aggravent lorsque le TDAH fait partie du tableau. La gestion des responsabilités, de la mémoire et de la régulation émotionnelle au cours de cette étape peut sembler épuisante, surtout sans soutien.

Vient ensuite le post-partum, lorsque les œstrogènes chutent rapidement. Pour de nombreuses femmes atteintes de TDAH, c'est à ce moment-là que les choses se dénouent vraiment. Les accidents émotionnels, les troubles du sommeil et les dysfonctionnements exécutifs peuvent devenir intenses. En l'absence d'un diagnostic ou d'un plan de traitement, cette étape est souvent interprétée à tort comme une fatigue typique de la nouvelle maman ou même une dépression post-partum. En réalité, les symptômes du TDAH entrent en collision avec l'instabilité hormonale.

La ménopause et la périménopause entraînent un dernier changement hormonal, et cela peut être l'un des plus difficiles. Les niveaux d'œstrogènes diminuent considérablement, ce qui aggrave souvent les symptômes du TDAH. La concentration, la mémoire et la régulation émotionnelle peuvent en souffrir considérablement. De nombreuses femmes sont diagnostiquées pour la première fois pendant la périménopause, non pas parce que le TDAH vient d'apparaître, mais parce que les systèmes d'adaptation qu'elles ont construits plus tôt dans la vie ne suffisent plus. Ce qu'ils ressentent n'est pas seulement le vieillissement, c'est un cerveau qui réagit à une baisse importante de l'un de ses produits chimiques régulateurs les plus importants.

Le lien entre l'hormone et le TDAH expliqué

Les hormones affectent toutes les femmes, mais pour celles atteintes de TDAH, les effets sont plus profonds. L'œstrogène, en particulier, joue un rôle essentiel dans la façon dont le cerveau utilise la dopamine, la substance chimique responsable de la motivation, de l'attention et de la régulation émotionnelle. C'est le même produit chimique qui est déjà en pénurie dans les cerveaux du TDAH.

Lorsque les niveaux d'œstrogène sont élevés (comme au milieu de votre cycle ou pendant la grossesse), la fonction dopaminergique s'améliore. La concentration s'aiguise, l'humeur se stabilise et les symptômes peuvent s'atténuer légèrement. Lorsque l'œstrogène chute, pendant le syndrome prémenstruel, le post-partum ou la ménopause, la fonction dopaminergique se détériore. C'est à ce moment-là que de nombreuses femmes se sentent plus distraites, plus réactives émotionnellement ou complètement épuisées.

Cela explique pourquoi les symptômes du TDAH apparaissent souvent pendant les phases hormonales clés. Ce n'est pas une question de volonté. Ce n'est pas une question de discipline. Il s'agit de la chimie du cerveau influencée par des changements hormonaux dont vous ne saviez même pas qu'ils faisaient partie de l'équation.

Ce lien est l'un des aspects les plus négligés du TDAH chez les femmes. La plupart des recherches, des critères de diagnostic et des modèles de traitement sont encore basés sur des présentations masculines. En conséquence, de nombreuses femmes se sentent confuses, rejetées ou sans soutien, en particulier lorsque les symptômes semblent imprévisibles ou incohérents.

Comprendre le lien hormone-TDAH change tout. Il offre de la clarté. Cela vous aide à planifier votre cycle, à chercher le bon traitement et à avoir plus de compassion envers vous-même pendant les jours difficiles. Cela donne également un langage à quelque chose avec lequel de nombreuses femmes ont lutté en silence pendant des années.

Vous n'êtes pas trop émotif. Vous n'êtes pas en train de vous effondrer. Votre cerveau fait de son mieux dans un corps qui change constamment. Et avec la bonne conscience, le bon soutien et les bonnes stratégies, vous pouvez traverser ces changements avec beaucoup plus de force qu'on ne vous a dit que vous en avez.

Témoignages d'experts

Pourquoi la compréhension des changements hormonaux est essentielle dans la gestion du TDAH chez les femmes.

La recherche montre de plus en plus que les niveaux d'œstrogène influencent directement la régulation de la dopamine, le neurotransmetteur le plus impliqué dans le TDAH. Lorsque l'œstrogène est élevé, le transport de la dopamine s'améliore, réduisant souvent les symptômes du TDAH comme la distraction et les sautes d'humeur. Mais pendant le syndrome prémenstruel, le post-partum et la ménopause, lorsque les œstrogènes baissent, la dopamine devient moins efficace, ce qui exacerbe les défis cognitifs et émotionnels du TDAH.

Pourtant, cette interaction essentielle est rarement abordée dans les milieux cliniques. La plupart des évaluations et des protocoles de traitement du TDAH sont basés sur des recherches biaisées par les hommes, négligeant les fluctuations hormonales qui affectent uniquement les femmes. Cela se traduit par des diagnostics retardés, une mauvaise interprétation des symptômes et un soutien inadéquat.

Reconnaître comment le TDAH et les changements hormonaux se recoupent permet aux femmes de suivre leurs cycles, de plaider en faveur d'un traitement tenant compte du sexe et d'appliquer des stratégies ciblées, comme l'ajustement des routines ou du moment de la prise de médicaments pendant les phases de faible teneur en œstrogènes. Cette prise de conscience peut faire la différence entre le chaos et le contrôle, entre la honte et l'autocompassion.

Question de réflexion

Vous venez d'atteindre le 26e jour de votre cycle, et soudain, tout semble plus difficile : votre esprit est brumeux, les petites tâches ressemblent à des montagnes et vos émotions sont brutes et imprévisibles. Vous n'arrêtez pas de vous demander : « Pourquoi ne puis-je pas gérer cela comme je l'ai fait la semaine dernière ? »

Imaginez maintenant que vous avez suivi ces fluctuations au cours des trois derniers mois et que vous avez remarqué que ce schéma exact se répète comme une horloge.

Qu'est-ce qui changerait pour vous si vous arrêtiez de vous blâmer et commenciez à vous préparer à ces baisses hormonales comme une réalité neurologique – et non comme un échec personnel? Que pourriez-vous commencer à faire différemment la semaine précédant vos règles pour soutenir votre concentration et protéger votre énergie ?

Chapitre 3

Conditions coexistantes

Anxiété, dépression, sensibilités sensorielles

Pour de nombreuses femmes atteintes de TDAH, les symptômes ne viennent pas seuls. L'anxiété, la dépression et les sensibilités sensorielles font souvent partie de l'expérience quotidienne. Il ne s'agit pas de problèmes distincts qui flottent en arrière-plan, mais ils sont profondément liés à l'impact du TDAH sur le cerveau, le corps et votre monde émotionnel.

L'anxiété est l'une des conditions coexistantes les plus courantes chez les femmes atteintes de TDAH. Ce n'est pas seulement de l'inquiétude, c'est un esprit qui s'emballe qui ne ralentit pas, une peur constante d'oublier quelque chose d'important ou la pression d'essayer de tout empêcher de s'effondrer. L'anxiété peut se manifester par une préparation excessive, un plaisir pour les gens ou une tentative de contrôler votre environnement afin que vous ne vous sentiez pas hors de contrôle à l'intérieur. C'est épuisant.

Mais ce qui passe souvent inaperçu, c'est à quel point cette anxiété est due au TDAH non traité ou non géré. Lorsque votre cerveau a du mal à planifier, à consacrer du temps et à faire du suivi, il en résulte un stress chronique. Vous essayez toujours de rattraper votre retard, et cela crée une boucle d'anxiété, car peu importe à quel point vous essayez, quelque chose glisse toujours. Et quand c'est le cas, vous ne vous sentez pas seulement déçu, vous avez honte.

La dépression apparaît également fréquemment chez les femmes atteintes de TDAH. Mais cela ne ressemble pas toujours à de la tristesse. Parfois, il s'agit d'un engourdissement émotionnel, de la fatigue ou de la croyance que vous échouez dans des choses qui semblent faciles pour tout le monde. L'autocritique constante, associée à de réelles difficultés à gérer les tâches, peut conduire à un profond sentiment de désespoir.

Ce n'est pas une faiblesse dans votre personnage. C'est le prix à payer de la lutte sans soutien. De nombreuses femmes passent des années à se demander : « Pourquoi ne puis-je pas m'en sortir ? » sans se rendre compte qu'elles ont opéré sans les bons outils, sans le bon diagnostic et sans l'espace nécessaire pour traiter la quantité qu'elles transportent.

Ensuite, il y a la question des sensibilités sensorielles, une autre partie courante et sous-discutée du TDAH. Des sons forts, des odeurs fortes, des tissus qui démangent, des espaces bondés, des lumières vacillantes - tout cela peut sembler écrasant. Vous pouvez vous retrouver à vous arrêter dans des environnements bruyants, à vous sentir irrité par un bruit de fond que les autres ne remarquent même pas, ou à avoir besoin de plus de temps pour récupérer après une journée chargée en sensations. Ces sensibilités ne sont pas dans votre tête. Ils font partie intégrante de la façon dont votre système nerveux traite le monde qui vous entoure.

Lorsque la surcharge sensorielle, l'anxiété et la dysrégulation émotionnelle s'accumulent les unes sur les autres, votre corps et votre esprit commencent à se sentir en danger dans des situations ordinaires. Ce n'est pas quelque chose dont vous pouvez vous sortir. Vous avez besoin de compréhension, d'espace et de stratégies qui correspondent à la façon dont votre cerveau fonctionne réellement.

Les luttes invisibles qui accompagnent le TDAH

L'une des parties les plus douloureuses du TDAH est la façon dont la lutte se déroule en silence. C'est invisible pour les autres, et même quand c'est visible, c'est souvent mal compris. Vous pouvez sembler calme à l'extérieur tout en vous battant pour rester à flot à l'intérieur. Vous pouvez sembler fonctionnel, mais seulement parce que vous avez dépassé le point d'épuisement professionnel.

La plupart des femmes atteintes de TDAH ne veulent pas de pitié. Ils veulent de la compréhension. Ils veulent cesser de se sentir jugés parce qu'ils sont « trop émotifs », « trop sensibles », « trop distraits » ou « trop ». Ils veulent que quelqu'un dise: « Vous n'inventez pas cela. C'est vraiment plus difficile pour vous, et ce n'est pas de votre faute.

Ce chapitre traite de l'application du langage à cette charge invisible. Le TDAH n'est pas seulement une question de distraction. Il s'agit de gestion émotionnelle, de fatigue mentale et d'un système nerveux qui se submerge facilement et se recharge lentement. Il s'agit d'exécuter constamment des listes de contrôle mentales, de rejouer chaque erreur et de se battre pour rester sur la bonne voie lorsque votre esprit ne cesse de changer de vitesse sans votre permission.

Des conditions concomitantes peuvent brouiller le tableau et retarder le diagnostic. Mais une fois que vous comprenez toute l'étendue de ce à quoi vous avez affaire, tout devient plus clair. Le TDAH voyage rarement seul. Mais la clarté vous donne le pouvoir d'arrêter de vous blâmer et de commencer à construire une vie qui soutient chaque partie de qui vous êtes.

Témoignages d'experts

Pourquoi le TDAH survient rarement seul et pourquoi c'est important pour les femmes

La recherche clinique montre constamment que jusqu'à 80 % des personnes atteintes de TDAH ont également au moins une maladie coexistante, l'anxiété et la dépression étant en tête de liste. Pour les femmes, ces symptômes qui se chevauchent sont souvent mal interprétés : l'anxiété est confondue avec la surperformance, la dépression est considérée comme un épuisement professionnel et la surcharge sensorielle est considérée comme une fragilité émotionnelle.

Pourtant, ces symptômes ne sont pas des ajouts accidentels. Ils découlent souvent des principaux défis neurologiques du TDAH. Par exemple, le dysfonctionnement exécutif conduit à des retards chroniques ou à une désorganisation, ce qui crée un cycle de honte et d'anxiété. La dysrégulation émotionnelle et la sensibilité au rejet peuvent imiter les symptômes dépressifs. Et la sensibilité sensorielle – maintenant reconnue comme faisant partie du profil du TDAH, en particulier chez les femmes – peut pousser le système nerveux dans un état presque constant d'accablement.

Ce que les cliniciens et les individus doivent comprendre, c'est ceci : traiter l'anxiété ou la dépression sans traiter le TDAH échoue souvent. S'attaquer à la racine – par le biais de stratégies éclairées par le TDAH – peut soulager les effets en cascade des conditions coexistantes et apporter un soulagement émotionnel massif. La prise de conscience n'est pas seulement un diagnostic, c'est le premier pas vers la guérison.

Question de réflexion

On vous a traité de « trop sensible » toute votre vie. Les pièces bondées vous épuisent, les lumières vives vous rendent irritable et le bruit que les autres ignorent fait battre votre cœur. Vous avez également lutté contre l'anxiété pendant des années, ayant toujours l'impression d'être à une tâche manquée de la catastrophe. Et ces derniers temps, l'épuisement est plus profond que simplement physique.

Imaginez maintenant qu'un professionnel de confiance vous dise qu'il ne s'agit pas de défauts distincts ou de bizarreries aléatoires, mais de parties interconnectées d'un cerveau câblées pour la stimulation, la pression et la surcharge.

Comment votre discours intérieur commencerait-il à changer si vous considériez votre anxiété, votre dépression et votre submersion sensorielle non pas comme une preuve d'échec, mais comme des signaux d'un système nerveux qui a fait des heures supplémentaires sans soutien approprié pendant des décennies ?

Que pourriez-vous commencer à libérer – culpabilité, honte, attentes impossibles – si vous acceptiez pleinement que ces luttes aient un sens dans le contexte du TDAH ?

Chapitre 4

Lâcher

Déballer la culpabilité intériorisée et le doute de soi

Au moment où de nombreuses femmes reçoivent un diagnostic de TDAH, elles ont déjà accumulé des années, parfois des décennies, d'auto-culpabilité. Chaque rendez-vous oublié, chaque échéance manquée, chaque réaction émotionnelle ressentie comme « trop » a souvent été intériorisée comme un échec personnel. Vous n'avez pas seulement affaire au TDAH. Vous faites face à l'histoire que vous vous êtes racontée sur ce que cela signifie.

Cette histoire ressemble souvent à :
Je suis désorganisé.
Je ne suis pas fiable.
Je suis mauvais avec le temps.
On ne peut pas me faire confiance pour finir les choses.
Je suis trop émotif.
Je devrais être mieux maintenant.

Ces pensées ne sortent pas de nulle part. Ils sont façonnés par des années où vous avez l'impression que vous deviez vous « rattraper » ou vous « réparer » pour répondre aux attentes des autres. Lorsque les enseignants, les parents ou les partenaires ne voyaient pas vos symptômes de TDAH pour ce qu'ils étaient, leur frustration devenait votre honte. Et lorsque vous intériorisez cette honte, cela n'affecte pas seulement la façon dont vous voyez votre passé, cela limite ce que vous croyez possible dans votre avenir.

Se débarrasser de la honte ne se fait pas du jour au lendemain. Mais cela commence par dire la vérité : vos luttes n'ont jamais été liées à la paresse, au manque d'intelligence ou à l'échec. Il s'agissait de vivre dans un monde qui ne reconnaissait pas le fonctionnement de votre cerveau. Vous n'avez pas échoué. Vous n'avez tout simplement pas été soutenu.

La récupération de votre identité commence lorsque vous cessez de filtrer votre valeur à travers les normes de quelqu'un d'autre.

Découvrir vos forces et votre créativité
On dit souvent aux femmes atteintes de TDAH ce qu'elles ne savent pas faire – concentration, organisation, cohérence –

mais on les félicite rarement pour ce qu'elles font : la reconnaissance des formes, la résolution de problèmes, la profondeur émotionnelle, la créativité, l'humour et l'adaptabilité.

Vous êtes peut-être celui qui peut faire de la magie de dernière minute, établir des liens inattendus dans des conversations ou offrir une profonde empathie aux autres parce que vous ressentez tout si pleinement. Vous pouvez être incroyablement imaginatif, artistique, passionné ou sensible à l'injustice. Ce ne sont pas des notes secondaires, ce sont des forces nées du même cerveau qui a du mal avec la routine ou la paperasse.

Une partie de la récupération de votre identité consiste à remarquer ces traits – pas seulement ce qui est difficile, mais ce qui est incroyable dans la façon dont votre esprit fonctionne. Le TDAH n'annule pas vos talents. Il les amplifie souvent d'une manière intense, originale et profondément humaine.

Oui, il y a de vrais défis. Mais il y a aussi des compétences et des perspectives que vous avez développées simplement en vivant cette vie. Résilience. Créativité. Compassion. Ce n'est pas une lueur d'espoir. C'est la réalité.

La neurodiversité comme pouvoir

Le TDAH n'est pas un défaut à corriger. Cela fait partie d'une image plus large de la neurodiversité – l'idée qu'il y a plus d'une « bonne » façon pour un cerveau de fonctionner. Votre esprit traite l'information, l'émotion et l'expérience différemment. Cette différence peut apporter des défis, mais elle apporte également des informations précieuses, de la flexibilité et de la force.

S'approprier sa neurodiversité signifie sortir du mode survie et entrer dans le respect de soi. Cela signifie construire une vie qui correspond à votre énergie, soutient votre système nerveux et honore votre façon de penser.

Vous êtes câblé différemment – et il n'y a rien de mal à cela.

Témoignages d'experts

Pourquoi la honte intériorisée maintient les femmes atteintes de TDAH coincées – et comment le travail identitaire peut débloquer la guérison

Un grand nombre de recherches psychologiques montrent que la honte intériorisée est un résultat courant et souvent paralysant chez les femmes atteintes de TDAH diagnostiqué tardivement. Ce n'est pas surprenant : lorsque des symptômes tels que l'oubli, l'impulsivité ou l'intensité émotionnelle ne sont pas diagnostiqués, ils sont interprétés comme des échecs personnels. Au fil du temps, cela conduit à un système de croyance profondément ancré : « Je ne suis pas fiable. Je suis brisé. Je ne suis pas assez. »

Mais voici la vérité d'un point de vue clinique : ces pensées ne sont pas le reflet de la réalité, ce sont des réponses apprises à un malentendu chronique. La honte est le résidu émotionnel d'être sans soutien pendant trop longtemps. Et le processus de désapprentissage de la honte n'est pas une question de positivité aveugle. Il s'agit de nommer ce qui n'a pas fonctionné, de comprendre comment le TDAH a façonné votre expérience vécue et de recadrer votre identité en vous basant sur la vérité et non sur le traumatisme.

Les psychologues et les défenseurs des neurodivergents soulignent que le TDAH doit être considéré à travers le prisme de la neurodiversité, et non de la pathologie. Cela signifie aller au-delà de la gestion des symptômes pour s'approprier pleinement soi-même. Des forces telles que la pensée divergente, la résolution rapide de problèmes et une empathie profonde émergent souvent en même temps que les difficultés. Lorsque les femmes commencent à nommer et à cultiver ces forces, quelque chose de remarquable se produit :

elles cessent de lutter contre leur cerveau et commencent à construire des vies qui leur correspondent.

Question de réflexion

Vous avez passé des années à entendre une voix interne murmurer : « Tu devrais être mieux maintenant. » Chaque facture manquée, anniversaire oublié ou bousculade de dernière minute était la preuve que vous n'étiez pas fiable. Même votre créativité a parfois été considérée comme un chaos désorganisé.

Maintenant, pour la première fois, vous commencez à vous demander si l'histoire que vous vous êtes racontée toutes ces années – que vous êtes « trop », « trop émotif », « jamais assez » – n'était pas du tout votre histoire. Et si c'était l'incompréhension de quelqu'un d'autre sur le fonctionnement de votre cerveau ?

Si vous deviez réécrire votre identité – non pas autour de vos erreurs, mais autour de votre résilience, de votre perspicacité et de votre créativité – quelles vérités commenceriez-vous à vous dire ? À quoi cela ressemblerait-il de laisser tomber la honte, même un peu, et de commencer à vivre comme si votre cerveau n'était pas cassé, mais brillant à sa manière ?

Chapitre 5

Relations, maternité et estime de soi

L'impact du TDAH sur les relations amoureuses et la parentalité

Lorsque vous vivez avec le TDAH, vos relations sont souvent façonnées par des choses que les autres ne voient jamais. Les signaux manqués, la réactivité émotionnelle, l'oubli ou la difficulté à gérer les responsabilités peuvent tous créer des frictions. Mais lorsque ces symptômes ne sont pas reconnus comme faisant partie du TDAH, ils sont mal interprétés, souvent comme de l'insouciance, de l'égoïsme ou de l'instabilité émotionnelle. Le résultat ? Vous pouvez vous sentir incompris, critiqué ou vous excuser constamment pour des choses que vous ne pouvez pas toujours contrôler.

Dans les relations amoureuses, le TDAH peut affecter la façon dont vous communiquez, vous connectez et partagez les responsabilités. Vous pourriez oublier des rendez-vous importants ou vous déconnecter pendant les conversations, même si vous vous souciez profondément. Vous pouvez osciller entre l'hyper-concentration sur votre partenaire et le fait de vous éloigner lorsque vous êtes dépassé. Les explosions émotionnelles peuvent survenir soudainement et être intenses, en particulier pendant les changements hormonaux ou les périodes de stress. Votre partenaire ne sait peut-être pas comment réagir, et sans les bons outils, cela peut entraîner du ressentiment ou une mauvaise communication des deux côtés.

Parfois, les partenaires finissent par prendre en charge une plus grande partie de la planification quotidienne ou de la gestion du ménage, non pas parce que vous ne vous en souciez pas, mais parce que la fatigue des fonctions exécutives rend plus difficile de garder le contrôle des choses. Ce déséquilibre peut discrètement ébranler votre confiance et votre sentiment de contribution dans la relation.

La parentalité apporte une autre couche. Les mères atteintes de TDAH subissent souvent deux fois plus de pression : gérer leurs symptômes tout en essayant d'être constamment présentes pour leurs enfants. Vous pourriez vous sentir coupable d'oublier les événements scolaires, de perdre patience ou de lutter pour maintenir des routines. Si votre enfant souffre également de TDAH, les exigences émotionnelles et logistiques peuvent se multiplier rapidement.

Vous pouvez aimer vos enfants de toutes les fibres de votre être et avoir toujours l'impression de les laisser tomber. C'est la charge mentale de la maternité avec le TDAH – des soins profonds associés à un cerveau qui a du mal à jongler, à établir des priorités ou à réguler sous pression. Ce n'est pas que vous n'essayez pas assez fort. C'est que vous en faites trop, souvent sans les bons systèmes en place.

Le TDAH ne fait pas de vous un mauvais partenaire ou un mauvais parent. Cela signifie que vous avez besoin de soutien, et non de honte. Et cela commence par comprendre ce dont vous avez besoin, ce qui est réaliste et comment communiquer clairement avec ceux qui vous entourent.

Fixer des limites et défendre vos besoins

De nombreuses femmes atteintes de TDAH plaisent aux gens par survie. Vous avez peut-être passé des années à dire oui alors que vous vouliez dire non, à en faire trop ou à retenir vos émotions pour garder la paix. Les limites peuvent sembler égoïstes, surtout si vous avez été conditionné à faire passer tout le monde en premier.

Mais les limites ne sont pas égoïstes. Ils sont la base de relations saines, surtout lorsque votre énergie, votre attention et votre bande passante émotionnelle sont limitées. Sans eux, le TDAH devient plus difficile à gérer et le ressentiment s'accumule rapidement.

Fixer des limites commence par la clarté :

Qu'est-ce qui vous épuise émotionnellement ou mentalement?

Qu'est-ce qui déclenche l'accablement, la culpabilité ou l'épuisement professionnel ?

Où vous sentez-vous méprisé ou invisible ?

Une fois que vous connaissez ces réponses, vous pouvez commencer à créer des limites qui protègent votre énergie. Cela peut signifier prévoir un moment de calme après le travail, demander à votre partenaire de prendre en charge certaines tâches ou lâcher prise sur les obligations sociales qui vous laissent épuisé. Cela signifie également apprendre à dire non sans explication, et à ne dire oui que lorsque cela semble durable.

Défendre ses intérêts, c'est aussi être honnête au sujet de ses besoins. Cela inclut de faire savoir aux autres comment le TDAH vous affecte, quels types de rappels ou de soutien sont utiles et ce qui ne fonctionne pas. Certaines personnes ne comprendront pas au début. Certains vont repousser. Mais votre travail n'est pas de prouver votre valeur, c'est de protéger votre bien-être.

Vous ne pouvez pas verser dans une tasse vide. Ce n'est pas de la faiblesse. C'est la réalité. Les relations saines – romantiques, familiales ou autres – sont fondées sur le respect mutuel, et non sur un surfonctionnement sans fin.

L'estime de soi grandit lorsque vous cessez de la lier à ce que vous faites pour les autres et que vous commencez à l'ancrer dans qui vous êtes.

Témoignages d'experts

Pourquoi le travail émotionnel, le dysfonctionnement exécutif et les besoins non satisfaits érodent discrètement la confiance des femmes atteintes de TDAH et que faire à ce sujet

La recherche montre que le TDAH chez l'adulte, en particulier chez les femmes, a souvent un impact sur la dynamique interpersonnelle de manière subtile mais profondément significative. De nombreuses femmes décrivent se sentir émotionnellement « trop » ou chroniquement « pas assez », en particulier dans leurs rôles de partenaires et de mères. Mais ces difficultés ne sont pas liées à des défauts de caractère – elles sont souvent le résultat de problèmes de fonctions exécutives, de dysrégulation émotionnelle et de comportements de masquage aggravés au fil des ans.

Dans les relations, le TDAH peut altérer la mémoire de travail, l'initiation des tâches et la régulation émotionnelle, ce qui conduit à des indices manqués, à des disputes réactives ou à une incohérence perçue. Lorsque ces schémas sont mal compris ou non traités, les deux partenaires peuvent se retrouver coincés dans des cycles de blâme et d'épuisement professionnel.

Pour les mères, les enjeux peuvent sembler encore plus élevés. Des études suggèrent que les mères atteintes de TDAH éprouvent des taux plus élevés de culpabilité, de stress et d'accablement, en particulier lorsqu'elles élèvent des enfants neurodivergents. La charge mentale devient implacable, non seulement la gestion de la logistique, mais aussi la gestion des émotions (les siennes et celles des autres) dans un environnement surstimulant et souvent sous-soutenu.

Fixer et maintenir des limites n'est pas seulement thérapeutique, c'est essentiel. Sans limites, les femmes atteintes de TDAH s'étendent trop, s'adaptent trop et, finalement, perdent le lien avec leurs propres besoins. L'auto-défense est l'antidote. Cela peut ne pas sembler naturel au début, mais au fil du temps, cela renforce la confiance en soi, la sécurité émotionnelle et l'interdépendance plutôt que la codépendance.

Question de réflexion

Vous êtes à la fin de la trentaine, jonglant avec la maternité, une relation et les exigences invisibles qui ne semblent jamais cesser. Dernièrement, vous avez remarqué un schéma familier : vous dites oui à tout – vous aidez à la collecte de fonds de l'école, vous prenez le relais à la maison, vous êtes le point d'ancrage émotionnel de votre relation, même lorsque vous êtes à vide. Vous êtes le « fiable », même si votre cerveau a l'impression de s'effondrer dans les coulisses.

Vous commencez à vous demander: que se passerait-il si j'arrêtais de jouer et que je commençais à me protéger à la place ?

Chapitre 6

Des routines qui respectent votre cerveau

Des rythmes quotidiens qui fonctionnent vraiment

Si vous avez déjà essayé de suivre un agenda parfaitement codé par couleur, pour l'abandonner au bout de trois jours, vous n'êtes pas seul. La plupart des conseils courants sur les routines ne tiennent pas compte de la façon dont un cerveau TDAH fonctionne réellement. Il suppose que la cohérence est une question de discipline. Mais pour vous, la cohérence est une question de conception: créer des rythmes qui soutiennent votre capacité d'attention, votre flux d'énergie et votre flexibilité mentale.

Une routine qui respecte votre cerveau ne consiste pas à intégrer plus de productivité dans votre journée. Il s'agit d'éliminer la surcharge de décision, de réduire le stress et de créer un sentiment de sécurité dans le prévisible.

L'astuce consiste à construire autour de la façon dont vous fonctionnez, et non de ce que vous aimeriez être. Par exemple:

Si les matins sont chaotiques, préparez ce que vous pouvez la veille : tenues, déjeuner, sacs, listes.

Au lieu de blocs de temps rigides, utilisez des ancres : associez de nouvelles habitudes à des choses que vous faites déjà.

Travaillez en rafales courtes avec des repères clairs de démarrage et d'arrêt (minuteries, listes de lecture ou un objet physique qui signale le mode de mise au point).

Créez des rappels visuels ou environnementaux au lieu de vous fier à votre mémoire : post-its, alertes téléphoniques, listes de contrôle.

Commencez petit. Une action cohérente effectuée quotidiennement est plus puissante qu'un emploi du temps complet qui s'effondre en une semaine. Votre routine n'a pas besoin d'impressionner qui que ce soit. Il doit travailler pour vous.

Et oui, il y aura des jours où tout s'effondrera. Cela ne signifie pas que vous avez échoué. Cela signifie que votre cerveau a besoin de systèmes qui peuvent se plier sans se casser.

Vaincre l'épuisement professionnel, l'accablement et la fatigue décisionnelle

Le TDAH se manifeste souvent par un seuil de frustration bas, des difficultés à filtrer les entrées et un cerveau qui reste « allumé » même lorsque votre corps supplie pour se reposer. Cela vous rend plus vulnérable à l'épuisement professionnel, même si vous en faites moins que ce que les autres pensent que vous devriez être capable de gérer.

La pression de s'autoréguler, de masquer, de se souvenir, d'initier et de suivre constamment donne à de nombreuses femmes atteintes de TDAH l'impression de fonctionner à plein régime. Ajoutez les hormones, la parentalité ou le travail émotionnel au mélange, et l'accablement s'accumule rapidement.

L'un des principaux facteurs de cet accablement est la fatigue décisionnelle. Chaque petit choix – quoi porter, quand répondre à un message, quoi cuisiner, quand quitter la maison – nécessite un effort mental. Votre cerveau bascule constamment, et finalement, il se bloque. C'est pourquoi vous pourriez vous retrouver figé à la tâche la plus simple, comme remplir le lave-vaisselle ou répondre à un SMS.

...traverser ce brouillard, vous avez besoin de systèmes, pas de motivation :

Utiliser les paramètres par défaut : Mangez le même petit-déjeuner la plupart des jours. Alternez entre quelques tenues incontournables.

Limitez les choix : créez une liste de repas hebdomadaires et réutilisez-la. Gardez une commande d'épicerie fixe en attente.

Automatisez autant que possible : configurez le paiement automatique, les rappels et les calendriers numériques qui se synchronisent sur tous les appareils.

Externaliser les décisions : Laissez quelqu'un d'autre choisir le film. Utilisez des applications qui recommandent des repas. Demandez à votre partenaire de s'occuper de tâches ménagères spécifiques sans avoir besoin d'aide.

Et surtout, planifiez le repos comme une tâche. Pas quand tout est fait. Pas quand vous l'avez « mérité ». Tout de suite. Votre cerveau a besoin d'un temps de décompression juste pour fonctionner à la ligne de fond.

La récupération n'est pas la paresse. C'est de l'entretien.

Si vous êtes débordé, la solution n'est pas d'insister davantage, mais de faire une pause plus intelligente.

Témoignages d'experts

Pourquoi la structure du TDAH doit se concentrer sur la flexibilité et non sur la rigidité, et comment la fatigue décisionnelle mine silencieusement le fonctionnement quotidien

De nombreuses routines du TDAH échouent parce qu'elles sont modélisées selon des normes neurotypiques : gestion linéaire du temps, discipline rigide et cohérence supposée. Mais la recherche montre constamment que les cerveaux atteints de TDAH se développent grâce à la nouveauté, à la pertinence et aux indices contextuels, et non à la volonté. C'est pourquoi les outils de productivité traditionnels se retournent souvent contre les femmes atteintes de TDAH. Ils exigent les compétences mêmes – attention soutenue, inhibition, contrôle exécutif – qui sont compromises par la maladie.

Au lieu de cela, les routines doivent être contextuelles, visuelles, indulgentes et axées sur les indices. L'ancrage de nouvelles habitudes à des comportements existants (comme se brosser les dents ou faire du café) fait appel à la mémoire procédurale, et non à la fonction exécutive, ce qui rend le succès plus probable. La clé n'est pas la perfection mais la répétabilité, même après des revers.

La fatigue décisionnelle est particulièrement puissante dans le TDAH. Selon les recherches, les personnes atteintes de TDAH éprouvent une charge cognitive significativement plus élevée dans les tâches quotidiennes en raison d'un filtrage et d'une hiérarchisation altérés. Au fil du temps, ce bruit mental conduit à des fermetures, où même les décisions les plus élémentaires semblent paralysantes. C'est pourquoi minimiser les choix quotidiens, automatiser les tâches à faible enjeu et prévoir du temps de restauration n'est pas de l'indulgence, c'est un élément essentiel de la durabilité cognitive.

Question de réflexion

Vous avez 38 ans et chaque matin ressemble à un triathlon mental. Vous vous réveillez déjà derrière, vous démenant pour trouver vos clés, oubliant l'e-mail que vous vouliez envoyer, fixant le placard comme s'il s'agissait d'un puzzle. Vous avez essayé toutes les applications de productivité, les systèmes de planification et le hack « levez-vous tôt »... Mais rien ne colle. À midi, vous êtes épuisé et vous n'avez même pas encore abordé les gros trucs.

Vous commencez à vous demander : Et si le problème n'était pas moi ? Que se passe-t-il si la structure que je force ne correspond pas à la façon dont mon cerveau fonctionne réellement ?

À quoi pourraient ressembler vos matins, après-midi ou soirées si vos systèmes vous aidaient à vous rétablir au lieu de vous pousser davantage dans l'épuisement professionnel ?

Chapitre 7

S'organiser sans se punir

Productivité durable pour l'esprit TDAH

Vous avez probablement entendu mille conseils pour s'organiser. La plupart d'entre eux semblent bons en théorie – calendriers à code couleur, poubelles étiquetées, routines matinales strictes – mais ils s'effondrent lorsqu'ils sont appliqués à un cerveau TDAH.

En effet, l'organisation traditionnelle repose sur l'hypothèse que vous pouvez naturellement maintenir la structure et terminer ce que vous commencez sans vous laisser distraire. Mais le TDAH rend difficile le lancement des tâches, le passage d'une tâche à l'autre plus difficile et la finition presque impossible lorsque le système est rigide.

Pour les femmes atteintes de TDAH, rester organisé peut ressembler à un cycle constant d'essais, d'échecs, de blâmes et de recommencement. Vous pourriez intérioriser ces luttes comme de la paresse ou supposer que vous êtes simplement « mauvais à l'âge adulte ». Mais la vérité est que votre cerveau n'est pas cassé – il ne réagit tout simplement pas à la honte ou à la pression comme le feraient les cerveaux neurotypiques. Cela signifie créer des systèmes qui soutiennent votre façon de penser. Par exemple:

1. Utilisez des bacs transparents ou des étagères ouvertes pour que votre cerveau n'oublie pas ce qu'il ne peut pas voir
2. Divisez les grandes tâches en étapes ridiculement petites pour qu'elles soient moins écrasantes
3. Utilisez le doublage corporel – travailler aux côtés de quelqu'un d'autre pour rester concentré
4. Gardez une « liste de choses à faire » pour vous rappeler ce qui fonctionne, surtout les mauvais jours.

Surtout, arrêtez d'utiliser la productivité comme mesure de votre valeur. Certains jours, garder votre espace à moitié rangé et répondre à un e-mail peut être votre victoire. Cela compte.

Stratégies pour le travail, l'école et la vie familiale

Chaque environnement – travail, école, maison – a ses propres exigences. Le TDAH peut affecter la façon dont vous fonctionnez dans chacun d'entre eux, et les outils dont vous avez besoin peuvent différer selon le contexte.

Au travail ou à l'école :

Utilisez une structure externe : minuteries, applications, listes de contrôle, tableaux blancs, tout ce qui réduit la charge mentale

Tâches par lots : regroupez les tâches similaires pour réduire le changement de tâche

Faites des pauses de « réinitialisation » : une marche de 3 minutes, des étirements ou une liste de lecture peuvent recharger votre cerveau.

Demandez des mesures d'adaptation : Les horaires flexibles, les espaces de travail calmes ou les prolongations de temps ne sont pas des signes de faiblesse, mais des adaptations intelligentes.

À la maison :

Créez des zones : un endroit pour les clés, un pour le courrier, un pour les chargeurs, sans deviner.

Ancrer les tâches ménagères dans les habitudes existantes (p. ex., ranger pendant que le café infuse, trier le courrier avant le dîner)

Gardez les calendriers partagés visibles pour éviter la surcharge mentale.

Impliquez votre famille : Ne portez pas tout le fardeau en silence ; La délégation est essentielle

Et pour vous-même :

Faites de la place pour un espace blanc mental – un moment de calme pour se regrouper

Utilisez une liste « pas maintenant » pour stocker les idées sur lesquelles vous ne pouvez pas agir immédiatement

Pardonnez le gâchis. La perfection n'est pas l'objectif, c'est la fonction qui l'est.

Le but de l'organisation n'est pas de contrôler chaque détail de votre vie. C'est pour rendre la vie quotidienne moins stressante et donner à votre cerveau de l'espace pour respirer. Si un système vous fait vous sentir plus mal, abandonnez-le. L'organisation doit travailler pour vous, et non vous donner l'impression d'être un échec.

Témoignages d'experts

Pourquoi les organisations favorables au TDAH doivent privilégier la visibilité, la flexibilité et l'autocompassion, et non la perfection

Les systèmes d'organisation traditionnels sont construits sur des fonctions exécutives qui sont souvent altérées dans le TDAH: initiation, mémoire de travail, attention soutenue et changement de tâche. Ces systèmes échouent chez les femmes TDAH non pas parce qu'elles sont paresseuses, mais parce qu'ils s'appuient sur une structure interne plutôt que sur des indices extériorisés et des processus adaptables.

La recherche montre que la permanence des objets et les problèmes de mémoire de travail rendent plus difficile pour les personnes atteintes de TDAH de garder une trace des choses qui sont « hors de vue ». C'est pourquoi les bacs transparents, les étagères ouvertes et les rappels visuels fonctionnent mieux que les classeurs et les tiroirs fermés. De même, le « dédoublement du corps » a été validé scientifiquement en tant qu'outil de corégulation efficace, fournissant une responsabilité externe et un apaisement du système nerveux pendant les tâches.

De plus, le TDAH et la dysrégulation émotionnelle créent une boucle de honte autour des tâches inachevées. Cela intensifie l'auto-culpabilité et augmente la paralysie de la tâche. La solution n'est pas plus de volonté, mais la construction de systèmes défaillants, ceux qui s'attendent à des perturbations et rendent le redémarrage facile, et non honteux.

L'objectif ultime n'est pas une organisation impeccable, c'est une facilité fonctionnelle. Un système qui vous donne de la clarté, réduit les frictions et s'adapte à votre niveau d'énergie n'est pas seulement productif. C'est durable.

Question de réflexion
Votre maison est un mélange de projets à moitié finis, de papiers importants enfouis sous le linge et d'une liste de choses à faire qui ne semble jamais diminuer. Vous luttez constamment contre l'envie de tout désencombrer ou de l'ignorer complètement. Lorsque vous essayez de vous organiser, vous vous sentez motivé pour une journée, puis dépassé, bloqué et frustré de « tout laisser aller » à nouveau.

Vous commencez à vous demander : et si je n'échouais pas à m'organiser, et si j'essayais de suivre des systèmes qui ne correspondent pas à la façon dont mon cerveau doit fonctionner ?

Si vous cessiez de vous organiser pour répondre à une norme parfaite de Pinterest et que vous créiez plutôt des systèmes qui soutiennent votre vie réelle, avec une visibilité claire, une flexibilité et un espace pour le désordre, en quoi votre maison serait-elle différente ? En quoi vous sentiriez-vous différent ?

Chapitre 8

Un soutien qui vous fait avancer

Médicaments, coaching et options holistiques

Il n'existe pas de solution unique pour gérer le TDAH, et c'est particulièrement vrai pour les femmes. Ce qui fonctionne pour vous peut ne pas fonctionner pour quelqu'un d'autre, et ce n'est pas grave. Le support ne consiste pas à se forcer à entrer dans un système. Il s'agit de trouver ce qui vous aide réellement à vous sentir plus stable, concentré et entier.

Pour certaines femmes, les médicaments changent la donne. Pour d'autres, ce n'est pas la bonne voie, ou ce n'est qu'une partie d'une image plus large. Les médicaments contre le TDAH, généralement des stimulants ou des non-stimulants, peuvent aider à la concentration, à la régulation émotionnelle et au contrôle des impulsions. Mais les effets secondaires, les changements hormonaux et l'anxiété sous-jacente peuvent tous affecter la façon dont votre corps réagit. C'est un processus d'essai, de rétroaction et d'ajustement. La clé est de travailler avec un fournisseur qui écoute, s'adapte et comprend comment le TDAH se manifeste chez les femmes, en particulier à travers les cycles hormonaux.

En plus ou à la place des médicaments, de nombreuses femmes bénéficient d'un coaching TDAH – une approche pratique basée sur les forces qui se concentre sur l'établissement d'objectifs, la construction de systèmes et la responsabilisation. Les entraîneurs n'analyseront pas votre enfance ou ne creuseront pas dans les traumatismes. Au lieu de cela, ils vous aident à développer des stratégies réalistes et personnalisées qui honorent le fonctionnement de votre cerveau.

D'autres options holistiques incluent :
1. Thérapie cognitivo-comportementale (TCC) pour recadrer le discours intérieur négatif
2. Pratiques de pleine conscience pour réduire l'accablement et augmenter la présence
3. Exercice et mouvement pour réguler l'humeur et l'énergie
4. Une nutrition qui favorise une concentration stable et une régulation émotionnelle
5. Protocoles de supplémentation guidés par un professionnel de la santé

Vous n'êtes pas obligé d'en choisir un seul. La plupart des femmes trouvent que la combinaison d'outils – médicaments, thérapie, coaching, soins personnels – crée le changement le plus durable. Ce n'est pas de la faiblesse que d'avoir besoin de soutien. C'est la sagesse.

Construire un réseau de soutien

Essayer de gérer le TDAH de manière isolée ne fait qu'amplifier le stress et la honte. Vous avez besoin d'un village, de gens qui comprennent, qui vous écoutent sans jugement et qui vous rappellent que vous n'êtes pas seul.

Ce village pourrait comprendre :

1. Un thérapeute ou un conseiller formé au TDAH de l'adulte
2. Des amis qui donnent la grâce au lieu de la culpabilité quand vous oubliez des choses
3. Un partenaire qui apprend avec vous, pas au-dessus de vous
4. Groupes de soutien, en ligne ou en personne, où vous pouvez vous défouler, rire et apprendre
5. Des mentors ou des coachs qui modélisent le progrès sans perfection

La construction de ce réseau ne se fait pas toujours du jour au lendemain. Cela commence par permettre aux gens de voir le vrai vous, et pas seulement la version raffinée pour laquelle vous avez travaillé si dur. La vulnérabilité n'est pas la faiblesse; C'est ainsi que la connexion commence.

Vous méritez des relations qui respectent vos limites, célèbrent vos progrès et font de la place pour vos besoins. Qu'il s'agisse de demander de l'aide à votre partenaire pour les tâches ménagères ou de dire à un ami que vous devez annuler vos projets pour éviter l'épuisement professionnel, tout cela compte comme de l'auto-représentation.

S'épanouir à chaque étape de la féminité

Le TDAH ne disparaît pas avec l'âge. Cela se manifeste simplement différemment à chaque étape de la vie :

1. L'adolescence peut apporter de l'anxiété sociale, de la surperformance ou des explosions émotionnelles
2. La vingtaine met souvent en évidence l'aveuglement au temps, la désorganisation ou les choix impulsifs
3. La maternité peut intensifier la charge mentale, l'accablement et l'épuisement sensoriel
4. La périménopause et la ménopause peuvent augmenter le brouillard cérébral, les trous de mémoire et la frustration

La bonne nouvelle, c'est que la croissance est toujours possible. Prospérer ne signifie pas être parfaitement équilibré. Cela signifie trouver l'autocompassion, apprendre ce qui vous aide à garder les pieds sur terre et vous permettre d'avancer un pas à la fois.

Vous n'êtes pas brisé. Vous n'êtes pas paresseux. Et vous n'êtes pas seul. Avec le bon soutien, vous pouvez vous sentir plus autonome, non seulement pour gérer le TDAH, mais aussi pour vivre pleinement et selon vos conditions.

Témoignages d'experts

Pourquoi les systèmes de soutien personnalisés à plusieurs niveaux fonctionnent mieux pour les femmes atteintes de TDAH et comment en créer un qui s'adapte à votre vie

Le soutien au TDAH doit être dynamique et intersectionnel, en particulier pour les femmes qui naviguent dans des rôles changeants, des changements hormonaux et une surstimulation chronique. La recherche clinique confirme que les médicaments stimulants sont efficaces pour de nombreuses personnes, mais la réponse individuelle varie considérablement, notamment en raison des fluctuations des œstrogènes au cours des cycles menstruels, de la grossesse et de la ménopause.

Les femmes sont également plus susceptibles de masquer leurs symptômes, ce qui rend les outils non pharmaceutiques tels que le coaching TDAH, la TCC et la pleine conscience essentiels pour désapprendre l'auto-culpabilité. Le coaching s'attaque de manière unique à l'écart des fonctions exécutives, en offrant des solutions en temps réel et basées sur l'action pour la planification, la hiérarchisation des priorités et l'autorégulation. Pendant ce temps, la TCC et la pleine conscience ciblent la dysrégulation émotionnelle et le discours intérieur négatif qui accompagnent souvent le TDAH chez les femmes.

Les neurosciences soutiennent également l'exercice, le mouvement et la nutrition riche en oméga-3 comme moyens non invasifs d'améliorer la régulation de la dopamine et la plasticité cérébrale. Une approche véritablement holistique intègre ces soutiens, à travers les niveaux mentaux, émotionnels et physiologiques, pour une transformation durable.

Votre réseau de soutien est tout aussi important que les outils. L'amortissement social, c'est-à-dire l'effet positif de la connexion sur le stress et la résilience, est un phénomène neuropsychologique bien documenté. Vous n'êtes pas censé gérer le TDAH seul. Le vrai progrès se produit lorsque nous cessons de faire semblant et que nous commençons à construire en gardant notre réalité à l'esprit.

Question de réflexion

Vous gérez votre travail, élevez vos enfants et portez une charge mentale invisible qui s'alourdit de jour en jour. Vous avez essayé de tout gérer par vous-même, mais l'épuisement professionnel revient sans cesse. Peut-être avez-vous pensé à des médicaments, à un coaching ou à une thérapie, mais vous hésitez, ne sachant pas ce que cela dit de vous si vous avez « besoin d'aide ».

Vous vous souvenez alors de ce qu'un ami a dit un jour :

Demander de l'aide, ce n'est pas abandonner, c'est choisir une meilleure façon d'avancer.

Et si l'accompagnement n'était pas un dernier recours, mais un investissement dans votre bien-être ?

Qu'est-ce que vous atteindrez en premier et comment votre vie pourrait-elle commencer à changer ?

Conclusion

Tu n'as jamais été brisé, tu as été négligé

Si vous êtes arrivé à la fin de ce livre, faites une pause et respirez. Rien que cela est un accomplissement.

Vivre avec le TDAH en tant que femme signifie naviguer dans un monde qui vous comprend souvent mal, minimise vos difficultés ou néglige vos forces. Peut-être avez-vous passé des années à vous demander pourquoi les choses vous semblaient plus difficiles, ou pourquoi vous ne pouviez pas « vous ressaisir » comme tout le monde semblait le faire. Peut-être avez-vous intériorisé la honte, masqué vos symptômes ou vous êtes-vous poussé jusqu'à ce que vous vous épuisiez, juste pour paraître « normal ».

Mais maintenant, vous savez la vérité : votre cerveau n'est pas cassé. C'est câblé différemment. Et une fois que vous commencez à travailler avec lui au lieu de le contrer, les choses commencent à changer.

Ce livre n'est pas une ligne d'arrivée, c'est un point de départ. Un rappel que vous avez le droit de prendre de la place, de demander de l'aide et de créer une vie qui répond à vos besoins. Que vous pouvez reconstruire vos routines, vos relations et votre estime de soi sans culpabilité. Que vous n'avez pas besoin de vous « réparer » pour vous intégrer. Au lieu de cela, vous pouvez construire un monde qui vous ressemble.

Que vous commenciez tout juste à comprendre votre TDAH ou que vous appreniez à prospérer à travers une autre étape hormonale de la vie, vous n'êtes pas seul. D'autres femmes ont suivi ce chemin, et d'autres le rejoignent chaque jour, fortes, intelligentes, sensibles et puissantes à leur manière.

Votre histoire compte. Votre voyage compte. Et vous êtes absolument suffisant.

Ressources

Livres

Poussé à la distraction par Edward Hallowell, MD, et John Ratey, MD

Ce livre, mis à jour en 2011, offre un regard complet sur le TDAH, expliquant des symptômes tels que l'inattention ou l'impulsivité qui auraient pu être mal interprétés dans l'enfance comme un « mauvais comportement ». Il fournit des stratégies, comme le découpage des tâches, pour gérer les défis quotidiens, ce qui le rend idéal pour les adultes ayant un diagnostic tardif. Ses histoires pertinentes, tirées de l'expérience clinique, vous aident à comprendre le câblage de votre cerveau, faisant écho au soutien dont votre moi préscolaire aurait pu avoir besoin.

Fast Minds : Comment prospérer si vous avez un TDAH par Craig Surman, MD, et Tim Bilkey, MD

Publié en 2013, ce livre aide les adultes à tirer parti des forces du TDAH, comme l'hyperconcentration observée dans le jeu de l'enfance, pour surmonter l'accablement chronique. Il propose des stratégies fondées sur des données probantes, telles que la gestion du temps ou la pleine conscience, pour traiter les symptômes étiquetés à tort comme « non motivés » à la maternelle. Son style accessible, avec des conseils pour la famille et le travail, soutient ceux qui se sentent coincés après un diagnostic tardif.

Soulagement naturel pour le TDAH chez l'adulte par Stephanie Sarkis, PhD

Ce livre de 2015 explore des stratégies non médicamenteuses, comme l'exercice ou un régime, pour stimuler la concentration et la motivation, idéal pour les adultes qui se méfient des médicaments après un diagnostic tardif. Il s'attaque aux signes de l'enfance, comme l'agitation considérée à tort comme un défi, avec des outils comme la pleine conscience qui reflètent les techniques d'intervention précoce. Son approche soutenue par la recherche vous aide à créer des routines adaptées au TDAH, réduisant ainsi l'accablement.

L'effet du TDAH sur le mariage par Melissa Orlov

Mis à jour en 2020, ce livre propose six étapes pour reconstruire des relations affectées par les symptômes du TDAH, comme l'impulsivité, qui aurait pu être interprétée à tort à l'école maternelle comme une perturbation. Il offre des outils, tels que des stratégies de communication, pour dissiper les malentendus enracinés dans la confusion diagnostique. Idéal pour les adultes qui naviguent dans des relations personnelles, il comprend des exercices pratiques pour favoriser l'empathie et la confiance.

La prescription de pleine conscience pour le TDAH chez l'adulte par Lidia Zylowska, MD

Publié en 2012, ce livre enseigne la pleine conscience pour améliorer la concentration et la régulation émotionnelle, en abordant des traits du TDAH comme l'intensité émotionnelle souvent étiquetés à tort dans l'enfance comme « trop sensibles ». Ses exercices étape par étape, comme des méditations de cinq minutes, reflètent les approches structurées de l'intervention précoce, aidant les adultes à gérer l'accablement.

Documents

5 piliers pour gérer votre TDAH par ADDA

Cette ressource gratuite de add.org décrit cinq stratégies clés, comme l'organisation et la gestion du temps, pour contrôler les symptômes du TDAH. Il aborde des défis tels que l'oubli, qui aurait pu être mal considéré à la maternelle comme de l'insouciance, en offrant des outils qui font écho aux horaires visuels de l'intervention précoce. Téléchargeable au format PDF, il propose des mesures pratiques pour réduire le chaos, en aidant les adultes ayant un diagnostic tardif à construire des systèmes qui fonctionnent avec le câblage de leur cerveau, favorisant ainsi le succès et la confiance au quotidien.

Échelle d'auto-évaluation du TDAH chez l'adulte (ASRS) de l'Organisation mondiale de la santé

Disponible à add.org, cette liste de 18 questions évalue les symptômes du TDAH, comme l'inattention ou l'impulsivité, souvent manqués dans l'enfance en raison d'une confusion diagnostique. Il aide les adultes à réfléchir à des modèles, tels que la rêverie à l'école maternelle, pour clarifier leur diagnostic. Téléchargeable et gratuit, il s'agit d'un outil rapide à partager avec un professionnel, soutenant une évaluation précise et des stratégies adaptées pour gérer efficacement les symptômes, en s'alignant sur l'accent mis par le livre sur la conscience de soi.

Guide pratique pour trouver un coach par ADHD International

Ce PDF, accessible à l'adhdfoundation.org.au, propose les étapes à suivre pour trouver un coach TDAH, en abordant les défis des adultes comme la cécité temporelle qui aurait pu être interprétée à tort comme « irresponsable » dans l'enfance. Il décrit ce qu'il faut demander aux entraîneurs, en veillant à ce qu'il soit bien adapté pour un soutien personnalisé, un peu comme les conseils personnalisés de l'intervention précoce. Téléchargeable gratuitement, il vous permet de rechercher un coaching qui renforce les routines et la confiance, améliorant ainsi la vie quotidienne.

Fiches d'information sur le TDAH du Centre national de ressources

Disponibles chez chadd.org, ces fiches d'information gratuites couvrent les symptômes, le diagnostic et les traitements du TDAH chez l'adulte, comme la thérapie comportementale, qui auraient pu aider à lutter contre l'impulsivité infantile étiquetée à tort comme un défi. Mis à jour régulièrement, ils fournissent des informations fondées sur des preuves pour clarifier la confusion diagnostique, offrant des outils tels que des planificateurs pour gérer les tâches quotidiennes. Téléchargeables et concis, ils aident les adultes à élaborer des stratégies de réussite, à l'image des approches structurées de l'intervention précoce.

Séminaires

Webinaire sur le TDAH et la famille comme boucs émissaires par ADDA

Organisé tous les mois à add.org, ce webinaire explore comment les adultes atteints de TDAH peuvent être blâmés par la famille, faisant écho aux étiquettes erronées de l'enfance comme « enfant à problèmes » pour les comportements impulsifs. Il offre des outils, comme des stratégies de communication, pour guérir les blessures émotionnelles et renforcer le soutien, similaires au coaching émotionnel de l'intervention précoce. Accessible en ligne, il favorise la communauté et les compétences pratiques, vous aidant à relever les défis relationnels et à prospérer en toute confiance.

Modules d'apprentissage en ligne CHADD

Disponibles à chadd.org, ces cours d'autoformation pour les adultes atteints de TDAH couvrent la gestion de symptômes tels que la cécité temporelle, qui aurait pu se manifester à la maternelle par des retards. Dirigés par des experts, ils enseignent des outils tels que des minuteries visuelles, faisant écho aux stratégies d'intervention précoce. Accessibles en ligne, ils sont idéaux pour les adultes à la recherche de compétences pratiques pour réduire l'accablement, offrant un moyen de soutien pour créer des routines qui tiennent.

Groupes de soutien et séminaires locaux du CHADD

Répertoriées à chadd.org, les sections locales de CHADD offrent des séminaires en personne ou virtuels et des groupes de soutien pour les adultes atteints de TDAH. Les sujets comprennent les stratégies sur le lieu de travail, la résolution de défis tels que la désorganisation, l'interprétation erronée dans l'enfance comme de la paresse. Ces séances offrent un soutien par les pairs et des outils, comme des planificateurs, qui reflètent la structure de l'intervention précoce, vous aidant à gérer les symptômes et à vous connecter avec les autres pour gagner en confiance et progresser.

L'approche en 6 étapes du traitement de l'ADHDology chez l'adulte par Gene Carroccia

Ce webinaire, organisé à l'add.org, décrit une approche en six étapes pour gérer le TDAH chez l'adulte, en mettant l'accent sur les forces comme la créativité observée dans le jeu de l'enfant. Il s'attaque à des symptômes tels que l'oubli, souvent mal évalué à l'école maternelle, avec des stratégies comme la pleine conscience. Disponible en ligne, il offre des outils pratiques pour réduire le chaos, permettant aux adultes ayant un diagnostic tardif de s'épanouir dans la vie quotidienne.

Sites web

TDAH Royaume-Uni (adhduk.co.uk)

ADHD UK propose des ressources telles que des guides d'adaptation au lieu de travail et des parcours de diagnostic, aidant les adultes à gérer des symptômes tels que l'inattention, souvent manquée dans l'enfance en raison de la confusion avec d'autres conditions. Ses communautés en ligne et ses possibilités de recherche offrent un soutien, faisant écho à la communauté dont votre jeune moi aurait pu avoir besoin. Les outils pratiques du site, comme les conseils de gestion du temps, vous aident à créer des systèmes adaptés au TDAH pour le travail et la maison.

ADDA (add.org)

L'Association du trouble déficitaire de l'attention, à add.org, se concentre sur les adultes atteints de TDAH, en proposant des groupes de soutien virtuels, un questionnaire d'auto-dépistage et des webinaires. Il aborde des défis tels que l'intensité émotionnelle, mal interprétée à l'école maternelle comme « trop sensible », avec des outils tels que les répertoires de coaching. L'accent mis sur les forces aide à recadrer le TDAH comme une « capacité différente », aidant les adultes à renforcer leur confiance et leur clarté.

CHADD (chadd.org)

Enfants et adultes atteints d'un trouble déficitaire de l'attention/hyperactivité, chez chadd.org, fournit des articles, des feuillets d'information et un centre d'appels (1-866-200-8098) pour un soutien personnalisé au TDAH. Il aborde des défis sur le lieu de travail et à la maison, comme la désorganisation étiquetée à tort dans l'enfance comme « peu fiable ». Ses ressources, comme les planificateurs, reflètent les stratégies d'intervention précoce, aidant les adultes à gérer les symptômes et à s'épanouir grâce à des outils pratiques et fondés sur des données probantes.

Institut national de la santé mentale (nimh.nih.gov)

Le NIMH propose des fiches d'information sur les symptômes et les traitements du TDAH chez l'adulte, clarifiant les processus de diagnostic souvent manqués dans l'enfance en raison d'une confusion avec l'anxiété ou la dépression. Ses informations basées sur la recherche aident les adultes à comprendre l'inattention ou l'impulsivité, en fournissant des outils tels que des recommandations de thérapie pour gérer les symptômes. Le site soutient la création d'environnements favorables au TDAH, favorisant le succès et la confiance.

Glossaire

TDAH (trouble déficitaire de l'attention/hyperactivité)

Le TDAH est une maladie neurodéveloppementale affectant l'attention, le contrôle des impulsions et les fonctions exécutives comme la planification ou la gestion du temps. Chez les adultes, il peut se manifester par une difficulté à se concentrer, une impulsivité ou une intensité émotionnelle, souvent interprétée à tort comme de la paresse.

Anxiété

L'anxiété, une condition coexistante courante avec le TDAH, implique une inquiétude ou une peur excessive, souvent déclenchée par des défis tels que la cécité temporelle ou l'écrasement des tâches. À l'école maternelle, vos réactions intenses au changement, comme les effondrements pendant les transitions, auraient pu être confondues avec de l'anxiété seule, et non avec le TDAH.

Conditions coexistantes

Les affections coexistantes sont des troubles de santé mentale ou neurodéveloppementaux, comme l'anxiété, la dépression ou le TOC, qui accompagnent souvent le TDAH. Des études montrent que jusqu'à 50 % des adultes atteints de TDAH en ont au moins un, ce qui amplifie des défis tels que la dysrégulation émotionnelle.

Fatigue décisionnelle

La fatigue décisionnelle est l'épuisement mental dû à faire trop de choix, courant dans le TDAH en raison de difficultés à établir des priorités.

Dopamine

La dopamine est une substance chimique du cerveau qui régule la motivation, la concentration et le plaisir, souvent plus faible dans les cerveaux atteints de TDAH. Cela peut rendre les tâches de routine, comme la paperasse, épuisantes, tandis que les activités stimulantes, comme les projets créatifs, vous dynamisent.

Dysrégulation émotionnelle

La dysrégulation émotionnelle est la difficulté à gérer des émotions intenses, un trait fondamental du TDAH. Vous pourriez ressentir de la colère ou de la tristesse plus profondément, comme des explosions d'enfance étiquetées à tort comme « trop émotionnelles ».

Fonctions exécutives

Les fonctions exécutives sont des processus cérébraux, comme la planification, l'établissement de priorités ou la gestion du temps, souvent altérés dans le TDAH. S

Habit Stacking

L'empilement d'habitudes consiste à associer une nouvelle routine à une routine existante pour la faire tenir, idéale pour les cerveaux TDAH qui résistent à la structure.

Hyperactivité

L'hyperactivité, une caractéristique du TDAH, implique une agitation physique ou mentale excessive, comme l'agitation ou les pensées qui s'emballent.

Hyperfocus

L'hyperconcentration est un trait du TDAH où vous plongez profondément dans des tâches que vous trouvez engageantes, perdant la notion du temps.

Inattention

L'inattention, un symptôme fondamental du TDAH, implique une difficulté à maintenir la concentration, en particulier sur des tâches peu engageantes.

Rampe de lancement

Une rampe de lancement est un endroit désigné, comme un plateau près de votre porte, pour des éléments essentiels comme des clés ou des portefeuilles pour lutter contre l'oubli.

Masquage

Le masquage consiste à cacher les symptômes du TDAH pour s'adapter, comme le surmenage pour cacher l'incompétence.

Consciencieux

La pleine conscience consiste à se concentrer sur le moment présent sans jugement, ce qui aide à gérer l'intensité émotionnelle du TDAH ou les pensées qui s'emballent.

Trouble neurodéveloppemental

Une maladie neurodéveloppementale, comme le TDAH, affecte le développement du cerveau, affectant des fonctions telles que l'attention ou le contrôle des impulsions.

Accabler

L'accablement est le sentiment d'être submergé par des tâches ou des choix, courant dans le TDAH en raison de problèmes de fonctions exécutives.

Conscience de soi

La conscience de soi consiste à comprendre vos traits de caractère du TDAH, comme les forces ou les défis, pour travailler avec votre cerveau.

Cécité temporelle

La cécité temporelle est une difficulté à percevoir ou à gérer le temps, un trait courant du TDAH.

Minuterie visuelle

Une minuterie visuelle, comme une application ou un sablier, rend le temps concret, aidant à lutter contre la cécité temporelle.

Printed in Dunstable, United Kingdom